Made in the USA
San Bernardino, CA
16 November 2019

59980705R00062